108 citat
om meditation
Amma

108 citat om meditation
Amma

Publicerad av::
 Mata Amritanandamayi Center
 P.O. Box 613
 San Ramon, CA 94583
 Förenta Staterna

Copyright 2025 © Mata Amritanandamayi Mission Trust, Amritapuri, Kollam Dt., Kerala, Indien 690546

Enligt upphovsrättslagen får ingen del av denna publikation arkiveras eller lagras i något system, överföras, återges, transkriberas eller översättas till något språk, i någon form eller på något sätt, utan föregående skriftligt tillstånd från förlaget, med undantag av korta citat i recensioner.

Webbplats: www.amma.se
Internationellt: www.amma.org

1.

Meditation är lika värdefullt som guld. Det leder till materiell välfärd, frid och Befrielse. Inte ett enda ögonblick som vi tillbringar i meditation är bortslösat – det kan bara vara av stort värde.

2.

Om vi förutom vår meditation också har kärlek och medkänsla, är det som guld med en ljuvlig doft! Meditation gör det möjligt för oss att fylla vårt hjärta med kärlek och medkänsla.

3.

Att få sinnet att bli fullständigt fokuserat är själva essensen av våra andliga övningar. En av de bästa metoderna för detta är meditation.

4.

Mina barn, när ni sitter i meditation, tro inte att ni kan stilla sinnet omedelbart. Se först till att hela kroppen är avslappnad. Lossa era kläder om de är för tajta. Se till att ryggraden är rak. Slut sedan ögonen och fokusera på er andning.

5.

Ni kan börja meditera genom att koncentrera er på formen av er älskade Gudomlighet eller det formlösa, till exempel en ljuslåga. Om sinnet vandrar iväg, för det tillbaka. Om ni inte kan göra det, räcker det att iaktta vart sinnet tar vägen. Sinnet måste observeras. Då slutar det att irra omkring och hamnar i stället under er kontroll.

6.

Sitt och iaktta formen av er älskade Gudomlighet i två minuter. Slut sedan ögonen och visualisera Gudomlighetens form i ert hjärta. Meditera genom att fokusera sinnet antingen på punkten mellan ögonbrynen eller i hjärtat. Närhelst formen försvinner, se på bilden igen. Även om bilden är gjord av papper och bläck, föreställ er att den är fylld av medvetande. Det är bara genom det overkliga som vi kan föreställa oss det Verkliga. Vi glömmer det Verkliga därför att vi är så fördjupade i det overkliga. Genom en bild kan vi bli påminda om det Verkliga.

7.

Till att börja med, när ni mediterar behöver ni anstränga er mycket för att fokusera på er älskade Gudomlighet. I början är det kanske inte möjligt att visualisera hela formen. Men bli inte nedslagna utan fortsätt att försöka genom att visualisera Gudomlighetens fötter. Så småningom kommer ni att kunna visualisera hela formen. Genom kraften av ständig övning blir formen allt klarare.

8.

Till att börja med räcker det att meditera tio minuter upp till en halvtimme, två gånger om dagen. Gradvis kan tiden förlängas. Tiden från 17.00 till 11.00 på morgonen är bra för meditation. Efter meditationen bör ni sitta tysta en stund. Endast då kan ni dra full nytta av er meditation. Sök alltid er andliga lärares råd och följ noga hans eller hennes instruktioner.

9.

När ni mediterar ska ni undvika att utsätta sinnet för någon form av spänning. Om någon del av kroppen är spänd eller känner smärta, kommer sinnet att dröja sig kvar där. Låt varje del av kroppen slappna av och iaktta uppmärksamt era tankar. Då kommer sinnet att stilla sig av sig självt.

10.

När ni en gång börjar få smak för meditation, blir det inte svårt att sitta och meditera. Detta kommer gradvis att ske av sig självt. Tills dess måste ni verkligen anstränga er – annars blir det svårt att lära kroppen och sinnet att ha tålamod.

11.

Ni bör inte sätta er för att meditera omedelbart efter att ni har ätit. Efter en kraftig måltid bör ni vänta minst två timmar innan ni mediterar. Det räcker med att vänta en halvtimme om ni bara har ätit ett lätt mål.

12.

Kan ni sitta och meditera på en plats som är ostädad och smutsig? Nej, det kan ni inte. Ni behöver en ren och välordnad plats för er meditation. Om platsen är smutsig och ostädad, påverkar det sinnet, så att ni inte kan koncentrera er.

13.

Ni behöver inte tro på Gud för att meditera. Ni kan föreställa er att ni sammansmälter med det Oändliga, precis som en flod förenas med havet. Den metoden hindrar er med all säkerhet från att känna er rastlösa.

14.

Mina barn, att meditera handlar inte bara om att sitta med slutna ögon. Vi måste göra varje handling till en form av tillbedjan. Vi ska kunna uppleva Guds närvaro överallt.

15.

När du en gång har överlämnat dig helt och hållet och hela din varelse är i ett tillstånd av oavbruten bön, är det enda som återstår inte du, utan Gud – kärleken. Bön kan åstadkomma detta mirakel. Dina tårar kan åstadkomma detta. Vad är syftet med att meditera? Att bli själva kärleken, att uppleva den enheten. Den bästa meditationstekniken är bön och att gråta efter Gud.

16.

Meditation betyder inte bara att sitta i lotusställning med slutna ögon. Meditation betyder också att osjälviskt tjäna dem som lider, att trösta de sorgsna och förtvivlade, och att le mot någon och säga några kärleksfulla ord.

17.

Mina barn, försök inte stilla ert sinne med tvång när ni sitter och mediterar. Om ni gör det, kommer tankarna att uppstå med tio gånger starkare kraft än de ursprungligen hade. Försök finna ut varifrån tankarna uppstår och kontrollera dem med den kunskapen.

18.

Genom att förändra en vanlig missuppfattning – att era problem handlar om livets yttre situationer – kan ni avlägsna dem en gång för alla. Förstå att svårigheterna finns i ert eget sinne. När ni en gång har blivit medvetna om detta kan ni börja processen att avlägsna era inre svagheter. Meditation är den metod som används för att uppnå detta. Bara den inre tystnaden, stillheten och avslappningen vi uppnår genom meditation kommer att hjälpa.

19.

Meditation är tekniken som tillåter oss att stänga sinnenas dörrar och fönster, så att vi kan blicka inåt och se vårt sanna Själv (Atman).

20.

När vi mediterar på Gud som en form mediterar vi också på vårt eget Själv. Med alla andra tankar återhållna kan vårt sinne bli koncentrerat på formen. Så småningom finns det inga andra tankar än tanken på Gud.

21.

Meditation upplöser rädslan för döden.
Den gör oss egolösa och för oss till ett tillstånd
av icke-sinne. När vi en gång har överstigit
sinnet, inser vi att vi är den oföränderliga,
odödliga Atman (det Högsta Självet) –
universums själva väsen.

22.

Alla andliga övningar ni gör gynnar hela världen. Vibrationerna från er japa (upprepning av ett mantra), chanting och meditation renar atmosfären, såväl som ert eget sinne. Utan att ens vara medvetna om det, sprider ni frid och stillhet till dem som kommer i kontakt med er.

23.

Fastän vår sanna natur är den oändligt fria och eviga Atman (det Högsta Självet), tror vi för närvarande att vi är bundna och begränsade. För att avlägsna det missförståndet är andliga övningar som meditation nödvändiga.

24.

Genom andliga övningar som meditation får vi inre styrka. Vi förvandlas till en källa av outtömlig kraft och vitalitet. Vi kan då utföra rättfärdiga handlingar utan att bryta samman i prövande situationer.

25.

Utan tålamod och vaksamhet är det inte möjligt att nå Gud. Om ni inte ens kan vara vaksamma när det gäller de små tingen på det grövre planet, hur ska ni då kunna uppnå koncentration när ni mediterar? Meditation är något oerhört subtilt. Det är uppmärksamheten och tålamodet vi visar i de små tingen som leder oss till stora prestationer.

26.

Antingen fortsätt enligt Guds vilja med övertygelsen om att "Allting är Du", eller utforska "Vem är jag?" med den starka övertygelsen om att "Allting finns inom mig".

27.

När det finns seva (osjälviskt arbete) att göra, behöver andliga aspiranter glömma sig själva och bli fullständigt involverade i sitt arbete – som en offergåva vid Guds Lotusfötter. Om det inte finns något arbete att utföra, har man möjlighet att sitta i meditation i flera timmar.

28.

Vårt sinne blir orent genom de många olika tankar som ständigt uppstår. Meditation riktar alla dessa tankar mot en enda fokuspunkt.

29.

Mina barn, det är naturligt för sinnet att vara fullständigt fokuserat och rent, men fram till nu har vi gjort plats för många orena världsliga känslor, som liknar dåliga hyresgäster. Vi har gett dem en liten bit mark att bygga en hydda på. Nu bryr de sig inte om när vi ber dem lämna. I stället rusar de fram för att bråka med oss. Vi måste anstränga oss hårt för att sparka ut dem eller föra dem till domstol. På liknande sätt, för att sparka ut sinnets hyresgäster, måste vi väcka åtal i Guds domstol. Det är en ständig kamp. Vi måste fortsätta att kämpa utan uppehåll tills vi segrar.

30.

Dualitet existerar bara när vi identifierar oss med kroppen. När vi en gång överstigit vår identifikation med kroppen försvinner dualiteten helt. I det tillståndet av den Högsta Enheten är det som ett kärl som har brustit – rymden inuti blir ett med hela den oändliga rymden.

31.

Att meditera tio timmar under dagen är likvärdigt med fem timmars meditation på natten. Även om ni sover hela dagen, får ni inte samma fräschhet och glädje som av bara några få timmars sömn om natten. Detta beror på att atmosfären är lugn och tyst på natten. Då finns det färre världsliga vibrationer och tankar, vilket gör atmosfären gynnsam för meditation. Under dagen är atmosfären förorenad av världsliga tankar från människor som ständigt jagar efter materiella nöjen.

32.

Endast en osjälvisk inställning, understödd av bön, meditation och mantra-recitation kan återställa det mänskliga sinnets förlorade harmoni. Till att börja med, låt ert sinne bli harmoniskt. Då blir naturen spontant harmonisk. Där det finns koncentration, finns också harmoni.

33.

Genom meditation övervinner vi mental agitation. Meditationen hjälper oss att rena sinnet, likt ett filter som renar vatten från orenheter. När sinnet sedan blir absorberat i något, upplever vi den inneboende glädjen inom oss.

34.

Meditation är fördelaktigt även för små barn. De får en klar intelligens, deras minne förbättras och det blir lätt för dem att lära. De blir starka i både kropp och sinne och kommer att kunna möta livet med mod och styrka.

35.

Koncentration och kärlek är ett. De är oskiljaktiga, som två sidor av samma mynt. Eftersom det är omöjligt att separera dessa två, behöver vi känna kärlek för att kunna uppleva riktig koncentration när vi mediterar.

36.

Genuin meditation är slutet på all misär. Allt lidande orsakas av sinnet och dess förflutna. Endast genom att släppa taget om det förflutna – vilket kan uppnås genom meditation – är det möjligt att bli etablerad i Självet eller Gud.

37.

Vi behöver meditera regelbundet och uppriktigt och inte sluta förrän vårt sinne uppnår fullständig koncentration. När fröna väl är planterade behöver vi vattna dem varje dag tills plantorna växer och når en viss nivå. Det kan ta tid för andlighetens groddar att komma fram. Vattna dem regelbundet, utan undantag, med de andliga övningarnas vatten och vänta tålmodigt.

38.

Allteftersom ni mediterar mer, upplever ni att fler vasanas (latenta tendenser) kommer upp. Dessa vasanas uppstår på det här sättet enbart för att förintas.

39.

Att tvinga sinnet att meditera är som att trycka ner en ihålig stock under vattnet. Stocken skjuter upp till ytan igen så fort vi avlägsnar handen. Vi behöver försöka att sakta övervinna sinnet genom att ge det nya idéer och kultivera positiva vanor i stället för de gamla dåliga vanorna.

40.

Vi behöver iaktta våra tankar på avstånd. Om vi kommer nära dem, drar de iväg med oss utan vår vetskap. Men om vi iakttar dem på avstånd, kan vi se hur tankarna lägger sig och friden återvänder.

41.

Innan ni börjar er meditation, säg till sinnet: "Vad som än händer, kommer jag inte att resa mig förrän meditationens förutbestämda tid är över."

42.

Till en början ser vi Gud i en viss form och tilltalar Gud med ett visst namn. När vår gudskärlek sedan mognar och blommar fullt ut, ser vi Gud i alla namn och former – och inom oss själva.

43.

Om ni pratar direkt efter er meditation, går all den energi ni vunnit förlorad. Slösa inte bort er energi, likt en person som slösar sin dyrt förvärvade rikedom på ringa jordnötter.

44.

Älskade barn, kom alltid ihåg i ert hjärta att Gud är kärlek. Genom att meditera på förkroppsligandet av den Gudomliga Kärleken kan ni själva bli den kärleken.

45.

Kärleken behöver födas inom oss. Genom meditation, bön och chanting kan vi vårda kärleken och ge den näring. På så sätt skapas en gynnsam atmosfär där kärleken kan växa.

46.

Meditation är den teknik som lär oss att vara i nuet. Det är en upplevelse som inte kan förklaras i ord. Verklig meditation sker när man går bortom sinnet och alla tankar.

47.

Vi behöver överföra den inre tystnaden och stillheten vi får genom vår meditation till våra handlingar. Meditation hjälper oss att uppnå en djupare insikt i livets olika aspekter.

48.

En flod som flyter fram genom många förgreningar har inte en stark ström. Men om floden omdirigeras så att den flyter fram i en enda huvudfåra, ökar strömmens kraft avsevärt. På liknande sätt strömmar vårt sinne för närvarande ut mot hundratals sinnesobjekt. Om sinnet i stället kontrolleras och blir fokuserat på en enda punkt, kommer en enorm kraft att genereras – en kraft som kan användas till att åstadkomma underbara ting.

49.

Meditation hjälper oss att se allting som en glädjefull lek, så att även själva dödsögonblicket blir en upplevelse av lycksalighet.

50.

Mina barn, i ert nuvarande sinnestillstånd är era så kallade osjälviska handlingar inte helt osjälviska. Ni måste därför försöka hålla en perfekt balans mellan era handlingar och er meditation. Introspektion, kontemplation, bön och chanting är nödvändiga i det första stadiet av ett andligt liv. Allteftersom er osjälviskhet utvecklas fördjupas er meditation.

51.

Att gråta efter Gud i fem minuter är likvärdigt med en timmes meditation.

52.

Negativa tankar kan uppstå under meditation. Om detta händer, tänk då: "O sinne, finns det någon nytta med att tänka sådana tankar? Har de något värde?" Ni behöver tänka på det viset och därigenom avfärda onödiga tankar.

53.

Utan kärlek kan ingen mängd av mantrarecitation eller meditation bära frukt. När er gudskärlek blir oerhört stark, faller alla negativa tendenser inom er automatiskt bort. Att ro en båt mot strömmen är svårt, men om båten har ett segel blir det lätt. Vår kärlek till Gud är som ett segel som hjälper båten att röra sig framåt.

54.

För att komma ihåg Gud måste ni glömma. Att verkligen vara fokuserad på Gud är att helt och hållet vara i nuet – att glömma det förflutna och framtiden. Den här sortens glömska hjälper er att stilla sinnet och uppleva den lycksalighet som finns i meditationen.

55.

I meditation tystnar sinnet och man förblir vilande i sitt eget sanna Själv.

56.

Man kan känna igen någon som mediterar genom deras karaktär. Den som mediterar är ödmjuk och har inställningen "Jag är ingenting". Endast om vi utvecklar inställningen "Jag är allas tjänare" blir det möjligt för oss att se Gud.

57.

Du kan inte smaka honungens sötma genom att slicka på ett papper där ordet "honung" är skrivet. På samma sätt måste principerna som beskrivs i de heliga skrifterna begrundas, mediteras över och slutligen inses och förverkligas.

58.

Ni kan förändra ert eget öde genom att med självdisciplin ägna er åt meditation och uppriktig bön.

59.

Bara de handlingar som görs med en osjälvisk sinnesinställning kan hjälpa er att gå djupare i er meditation. Äkta meditation kan bara äga rum när ni har blivit verkligt osjälviska. Det är osjälviskheten som avlägsnar era tankar och för er djupare in i stillheten.

60.

Konsten att slappna av under meditation frigör den kraft som finns inom er. Det är konsten att stilla sinnet och fokusera all er energi på arbetet ni utför. På så sätt kan ni förverkliga er fullständiga potential. När ni en gång har lärt er den konsten då sker allt spontant och utan ansträngning.

61.

Även när ni mediterar på ett namn eller en form av Gud, Gudinnan eller Amma, mediterar ni i själva verket på det innersta Självet och inte på något yttre objekt.

62.

Allteftersom er koncentration ökar minskar era tankar. När tankarna minskar, blir sinnet och intellektet subtilare, vilket gör det möjligt att uppnå en djupare meditation.

63.

Meditation är nektarn som befriar dig från egot och leder dig till ett tillstånd bortom sinnet. När du har överskridit sinnet kan du inte längre lida.

64.

Kom ihåg Gud, recitera Guds namn, meditera på Guds form och upprepa ert mantra. Detta är den bästa medicinen för att läka såren av det förflutna. Ta den medicinen för att släppa taget om det förflutna, och oroa er inte för framtiden.

65.

Meditera med övertygelsen att er älskade Gudomlighet bor i ert eget hjärta.

66.

Mina barn, försumma aldrig era dagliga andliga övningar. Hur trötta eller sjuka ni än är, försök att sitta och meditera en stund.

67.

I början behöver ni utveckla känslan av kärlek till er dagliga meditationsrutin. Den behöver bli en oumbärlig del av ert liv. Om ni inte kan utföra era dagliga andliga övningar vid rätt tid, bör ni känna smärtan av att ha missat dem och längta efter dem.

68.

Om ni kan se med det subtila ögat, kommer ni att upptäcka att det finns ett gap mellan tankarna. Det mellanrummet är ytterst subtilt, men det finns där. Om ni kan hindra tankarna från att flöda okontrollerat, som de gör nu, kommer gapet att öka. Detta är endast möjligt med ett meditativt sinne som fokuserar på en enda tanke. Så när ni mediterar behöver sinnet koncentrera sig på en enda tanke, inte på flera tankar.

69.

När ni har avslutat er meditation, res er inte upp omedelbart eller engagera er i olika aktiviteter. När ni har sträckt på benen, lägg er ner i savasana (en avslappnande yogaställning) i fem till sju minuter. Låt både sinne och kropp slappna av. Tillåt er tillräckligt med tid för att flödet av prana (vital livsenergi) ska kunna återgå till sitt normala tillstånd. Det är under den här stunden som meditationens positiva effekter helt assimileras av kroppen.

70.

Gruppmeditation är mycket fördelaktig. Atmosfären blir genomsyrad av var och ens koncentration, vilket gör meditationen mer gynnsam. Eftersom allas tankevibrationer har ett liknande mönster samtidigt, kan en stark koncentration uppnås.

71.

Sinnet är ingenting annat än tankar. När tankarna blir intensiva förvandlas de till handlingar. Handlingar som upprepas blir vanor. Vanor formar vår karaktär. För att stilla sinnet i meditation måste vi först förändra kvaliteten på våra tankar.

72.

En hälsotonic har en särskild föreskriven dosering vilken, om den överskrids, kan vara skadlig. Om ni stjälper i er hela drycken kan ni bli sjuka. På samma sätt, när ni börjar göra era andliga övningar, som till exempel meditation, blir ni kanske väldigt entusiastiska och tänker: "Låt mig meditera i flera timmar på en och samma gång!" Om ni inte är redo för det, kan det leda till många problem. Huvudet kan bli upphettat, ni kan få sömnbrist, er matsmältning kan bli påverkad osv. Så utveckla meditationen gradvis – sakta men säkert.

73.

Det är sinnets natur att vandra omkring. Det kan inte vara tyst. När vi under vår meditation försöker tysta ner sinnet genom att koncentrera oss på ett objekt, kan vi märka hur det vandrar omkring ännu mer. Nybörjare kanske känner sig rädda och avskräckta av dessa otaliga tankar. En ständig och beslutsam praktik är det enda sättet att övervinna sinnet. Fortsätt era andliga övningar med orubblig beslutsamhet.

74.

Mina barn, när ni mediterar kan negativa tankar uppstå i sinnet. Bli inte oroliga. Ge dem inte någon uppmärksamhet. Att ge det negativa för mycket uppmärksamhet försvagar sinnet. Sinnet är bara en samling tankar. Tänk i stället att de dåliga tankarna kommer upp för att det är dags för dem att försvinna. Var försiktiga och identifiera er inte med dem. Bry er inte om de negativa tankarna och fortsätt med er meditation.

75.

När man först börjar meditera, kommer de latenta trögheterna (tamas) upp till ytan, vilket gör att man känner sig sömnig. Man övervinner detta genom att regelbundet och systematiskt göra andliga övningar, kontrollera kosten osv. När ni känner er sömniga, res er genast upp och recitera ert mantra medan ni går fram och tillbaka. Använd en mala (radband) medan ni upprepar mantrat, och håll malan med vaksamhet intill bröstet. Om ni är vaksamma, försvinner de tamasiska egenskaperna med tiden. Låt rajas (aktivitet) fördriva tamas.

76.

När tankar passerar genom sinnet under er meditation, iaktta dem utan att förhålla er till dem. Håll inte fast vid dem. När tankarna passerar genom sinnet, försök utveckla förmågan att hålla distans – att bli ett vittne. Detta gör sinnet starkt.

77.

Meditera och utför era andliga övningar efter bästa förmåga. Tänk inte på resultatet. Om ni sitter och tänker på resultatet, kan ni inte praktisera med full uppmärksamhet. En andlig aspirant bör inte bry sig om att erfara andliga upplevelser. Spring i stället direkt mot målet!

78.

Genuin meditation är bön – ett möte med Gud i hjärtats tysta stillhet.

79.

I ett visst skede förenas den andliga aspiranten med sin älskade Gudomlighet. Den intensiva kärlek som uppstår genom vår ständiga hågkomst av Gudomligheten – och uppgivandet av alla andra tankar – får oss att sammansmälta med det Gudomliga. Gudomligheten kommer då att leda oss till det slutliga tillståndet – den icke-dualistiska upplevelsen – där allt som kvarstår är rent medvetande, glädje och lycksalighet.

80.

Bara den som lever sitt liv från ögonblick till ögonblick kan vara fullständigt fri från rädsla. Den personen kommer att fridfullt kunna omfamna döden. Detta sätt att leva är endast möjligt genom meditation och andra andliga övningar.

81.

Alla andliga övningar görs för att skapa tillfredsställelse i vårt eget innersta Själv – genom Självet och för Självet. Vi behöver bli självständiga och enbart beroende av vårt eget Själv, den verkliga källan till all lycka.

82.

För att känna sig fullständigt avslappnad och slutligen uppnå tillståndet av den fullkomliga enheten, måste inflytandet från det förflutna och framtiden upphöra. Endast detta ögonblick existerar – och det måste erfaras.

83.

Meditation hjälper oss att få kontroll över vår kropp och vårt sinne. Det gör det möjligt för oss att utveckla tålamod. Vi behöver hålla sinnets fjärrkontroll i våra egna händer. För närvarande är det inte så, utan det är våra sinnen som styr oss.

84.

Autentisk meditation kan bara upplevas i närvaron av en Satguru (sann Guru). Även om vi ser att Satgurun är fysiskt aktiv, förblir han eller hon i ett ständigt meditativt tillstånd. Mästarens närvaro är den mest gynnsamma platsen för att Självförverkligandet ska kunna äga rum. I Mästarens närvaro kan ni uppnå den inre enheten och därigenom släppa taget om alla rädslor och känslor av frånskildhet.

85.

När det lilla egot försvinner genom meditation blir vi det Gränslösa och Opersonliga, och upplever Lycksalighetens Ocean. Återstoden av vad som verkar vara egot kommer att finnas kvar, men det är inte verkligt.

86.

När vi mediterar eller sitter för oss själva, känner vi kanske att det inte finns några negativiteter inom oss. Men när vi befinner oss i skrämmande situationer kommer all negativitet upp och bli svårt att kontrollera. Att springa ifrån situationer kommer aldrig att hjälpa oss. Använd i stället situationen så att ni får kontroll över sinnet. Detta är det egentliga målet för andliga övningar.

87.

Gud blir tjänare åt den vars sinne blivit fullständigt koncentrerat i meditation. Mina barn, Amma kan garantera detta. Bara försök, och se vad som händer!

88.

De som uppriktigt ber till Gud och mediterar på Gud kommer inte att sakna något av det materiellt nödvändiga.

89.

Att anstränga sig är mänskligt, medan nåden är Gudomlig. Ansträngning är begränsad, medan nåden är obegränsad. Era begränsade mänskliga ansträngningar kan bara föra er till en viss punkt. Därifrån är det den andliga Mästarens nåd som för er vidare till målet. Utför era andliga övningar uppriktigt med en inställning av överlämnande och kärlek – och vänta sedan tålmodigt på att nåden ska komma.

90.

Eftersom ni inte har skapat molnen i himlen, försvinner de inte bara för att ni iakttar dem. Men molnen av tankar i den inre himlen försvinner – om ni bara bevittnar dem.

91.

Både rörelse och stillhet är två olika aspekter av samma sanning. De är ett och samma. För att uppnå tillståndet av stillhet är det nödvändigt att hålla fast vid något högre.

92.

Som ung satt Amma aldrig sysslolös ett enda ögonblick. Amma mediterade ständigt. Om någon kom för att prata med henne, såg hon den personen som en form av Devi (Gudinnan). De fick prata så mycket de ville. Om ett enda ögonblick gick förlorat, blev Amma helt förtvivlad och tänkte: "O Gud, så mycket tid har slösats bort!" Därefter brukade Amma göra dubbelt så många andliga övningar. Ni kommer också att få frukten av detta om ni försöker lika innerligt.

93.

Hela syftet med meditation är att bli ingenting, att släppa attityden av att "det är jag som handlar". Även känslan av att "jag mediterar" är en illusion. I riktig meditation finns inget "jag". När attityden av "jag" och "min" har försvunnit, kan vi tjäna alla och vi blir inte längre en börda för andra. En helt vanlig person kan jämföras med en liten stagnerad damm, medan en Självförverkligad själ är som en flod eller ett träd som ger ro och svalka till alla som kommer till dem.

94.

Om ni inte kan meditera, försök att upprepa ert mantra. Om även det känns för svårt, recitera då de Gudomliga Namnen. Hur vi än gör måste vi helhjärtat sträva efter att ständigt minnas det Högsta. Låt inte sinnet tänka på oväsentligheter.

95.

Ödmjukheten kommer när man utvecklas i meditationen. Verklig ödmjukhet är att se Gud i allt – eller att se det innersta Självet överallt. Det betyder att vi överlämnar oss själva, vår vilja till Guds vilja. I det tillståndet finns inte längre några reaktioner, bara acceptans. Då älskar vi alla varelser och har förmågan att se allting som varande Gud.

96.

Det är bra att meditera i dämpat ljus. Yttre ljus kan störa när vi försöker belysa vårt inre.

97.

Andliga övningar som meditation, upprepandet av ett mantra och sjungandet av bhajans (lovsånger) är olika metoder för att få sinnet att slappna av, så att ni alltid kan vara öppna, som en nyutslagen blomma.

98.

För att kunna lugna och stilla sinnet behöver ni vara bundna till något högre än sinnet. Sinnet är den mest högljudda platsen i världen. Om det inte finns en gudomlig form att kontemplera eller meditera på, kan sinnet inte stillna. Men föremålet för vår meditation eller kontemplation bör inte vara något alltför välbekant, för då tröttnar sinnet snabbt.

99.

När ni blir helt absorberade av föremålet för er meditation, blir ni ett med det. I den upplevelsen är ni fullständigt frånvarande. Det är som om spelaren är frånvarande – endast spelet existerar. Sångaren är frånvarande – endast sången existerar.

100.

Den som verkligen älskar är ständigt i en meditativ stämning. Tankarna upphör att existera i närvaron av en sådan kärlek. Den sanna älskaren bara mediterar. Alla tankar handlar om den Älskade. Därför finns det inte otaliga tankevågor i det sinnet. Bara en enda tanke kvarstår – tanken på den Älskade.

101.

När det bara finns en enda tanke, finns det inget sinne. Älskarens ständiga fokus på den Älskade når in i hjärtats innersta vrå, dit ord och tal inte kan nå. Den hängivna går in i ett meditativt tillstånd. Vid den punkten blir de två en enda enhet.

102.

I den verkliga kärleken råder ett tillstånd av meditation. Sinnet stillas och förblir vilande i ert eget sanna Själv. Man kan inte prata när man har kommit till vila i sitt eget Själv.

103.

Överansträng er inte med att försöka sitta i lotusställningen eller hålla andan när ni mediterar på Gudomlighetens form. Meditation betyder att erinra sig Gud, en ständig, kärleksfull hågkomst. Se på Gudomligheten som er allra mest älskade, som er förälder eller att ni själva är den Gudomligas barn. Kom ihåg er Älskade Gudomlighet så ofta ni kan, oavsett var ni är och vad ni gör. Försök att känna den Gudomliga i ert hjärta. Känn den Gudomliga närvaron, nåden, kärleken och medkänslan.

104.

Be tills ert hjärta smälter och flödar över i form av tårar. Det sägs att Gangesfloden renar alla som doppar sig i den. De tårar som fyller ögonen när man tänker på Gud har en enorm kraft att rena sinnet. Sådana tårar är kraftfullare än meditation. De är sannerligen som Gangesfloden.

105.

Det bästa sättet att få koncentration är att gråta efter Gud. Det är faktiskt en form av meditation. Det är vad de stora hängivna, till exempel gopierna och Mirabai, gjorde. Se hur osjälviskt Mirabai bad: "O Krishna, det spelar ingen roll om du inte älskar mig. Men Krishna, ta inte bort min rätt att älska Dig." De bad och grät tills hela deras varelse förvandlades till en oavbruten bön. De fortsatte att tillbe Herren tills de var fullständigt uppslukade av den Gudomliga Kärlekens flammor. Det var de själva som blev offergåvan.

106.

För att avlägsna er ilska och dess orsak, måste ni meditera, be och recitera ert mantra. Vad en andlig aspirant beträffar, är livets mål att avlägsna all ilska och andra negativa tendenser. Den andliga aspiranten ägnar hela sitt liv åt detta.

107.

Födan av världsliga tankar och önskningar är ohälsosam. Det finns en föda som är godare och hälsosammare: våra andliga övningar. När ni en gång upplevt detta, börja då att mata sinnet regelbundet med meditation, recitation av de Gudomliga Namnen, japa (mantra-upprepning) och andra andliga övningar. Sakta kommer hungern efter mer och mer av denna andliga föda att växa.

108.

Om ni är angelägna om världens välgång, bör ni uppriktigt meditera och göra andliga övningar. Mina barn, bli som en fyr som vägleder skeppen som seglar i mörkret. Lys Guds ljus i världen.

www.ingramcontent.com/pod-product-compliance
Lightning Source LLC
Chambersburg PA
CBHW061955070426
42450CB00011BA/3040